# GRAMMAIRE DE PIERROT

par
J. Geoffroy.

CH. DELAGRAVE
Editeur
15 rue Soufflot

# Grammaire de Pierrot

COULOMMIERS
Imprimerie Paul Brodard.

# GRAMMAIRE DE PIERROT

par
J. Geoffroy.

CH. DELAGRAVE
Éditeur
15 rue Soufflot

## Des Noms Communs et des Noms Propres.

Vous vous souvenez sûrement de l'éducation de Pierrot. Pierrot a grandi et Pierrot apprend la *grammaire*.

Quand je pense qu'il y a des enfants qui trouvent la grammaire difficile! Pierrot ne trouve pas, lui.

Commençons. — Il y a deux genres de noms :

Le *nom commun* et le *nom propre.*

*Arbre* est un nom *commun* parce que de tous les arbres on dit : c'est un arbre.

*Oie* est un nom *commun* parce que de toutes les oies on dit : c'est une oie.

*Garçon*, *fille* sont des *noms communs* parce qu'on dit : fille, garçon, de tous les garçons et de toutes les filles.

Votre frère est un *garçon* ; votre cousin est un *garçon* ; votre sœur est une *fille*, ses petites amies sont des *filles.*

Mais le nom de Paul, de Maurice, de Pierre, qui sont ceux de votre frère, ou de votre cousin, ou d'un de vos amis;

Les noms de Jeanne, de Claire, d'Yvonne, qui sont ceux de

votre sœur, ou de votre cousine, ou d'une petite amie, sont des noms propres.

Celui de Julie est le nom de la maman de Pierrot, et Pierrot a acheté un beau rosier pour lui souhaiter sa fête.

Jean est le nom de son grand-père, et Louis celui de son oncle. — Ce sont des noms *propres* à ces personnes-là.

Saurez-vous, maintenant, faire la différence entre le nom commun et le nom propre?

Pierrot le sait très bien, maintenant.

NOMS COMMUNS — NOMS PROPRES.

## Des Noms qu'il ne faut pas employer l'un pour l'autre.

Pierrot revient un soir de l'école, en compagnie de Pierrette.

On est en hiver, les arbres n'ont plus une seule feuille. La lune a ouvert tout grand son œil gauche, et, d'un air de bonne humeur, regarde courir le frère et la sœur.

Trois vieux corbeaux sont perchés sur une branche et entonnent une chanson sur leur passage.

Ils s'imaginent avoir les plus belles voix du monde.

— Quels vilains coassements! s'écrie Pierrot qui n'est pas de leur avis.

— Ah! ah! ah! font les corbeaux, *coassements*! Il nous prend pour des grenouilles!

Le frère et la sœur continuent leur chemin; ils arrivent près d'un fossé au fond duquel les grenouilles étudient un morceau, pour un grand concert qu'elles doivent donner à la lune, la nuit suivante.

— Quels vilains croassements! s'écrie alors Pierrot.

— Ah! ah! ah! font à leur tour les grenouilles : *croassements*! Il nous prend pour des corbeaux.

— *Coassements* ou *croassements*, déclare Pierrot, c'est toujours une vilaine musique!

— Belle ou laide, les grenouilles aussi bien que nous, nous faisons la musique que le bon Dieu nous a apprise, dit le plus vieux des trois vieux corbeaux, ce qui prouve que les bêtes savent profiter des leçons qu'on leur donne. Tâchez, ami Pierrot, qu'on puisse en dire autant des petits garçons, et sachez, une fois pour toutes, que *les corbeaux croassent* et que *les grenouilles coassent*.

Il n'arrivera plus à Pierrot d'oublier la leçon du corbeau et de confondre *croassement* avec *coassement*.

CROASSEMENTS. COASSEMENTS.

## De l'Adjectif Qualificatif.

Pierrot sait déjà ce que c'est que le *nom.*

Il sait que, quant à lui, il s'appelle Pierrot et que Pierrot est un *nom propre*; propre à tous les Pierrot.

Mais tous les Pierrot ne se ressemblent pas; il y en a de bons et il y en a de mauvais. Quelquefois même un Pierrot sera très sage un jour et le lendemain il sera tout le contraire.

Le premier jour on dit : Pierrot est *gentil*; le lendemain on dit : Pierrot est *méchant.*

*Gentil, méchant,* sont des *adjectifs qualificatifs*; ils disent les *qualités* de Pierrot, ses bonnes qualités et ses mauvaises.

Quand je vois Pierrot marmiton passer sa langue sur le dos d'un poulet rôti, avant de le poser sur la table, je dis : Pierrot est *gourmand.*

Quand je vois Pierrot, à qui on l'a défendu, tirer sur le cordon de sonnette au point de le casser, je dis : Pierrot est *désobéissant.*

*Gourmand* et *désobéissant* sont des adjectifs qualificatifs qui disent les *mauvaises qualités* de Pierrot.

Mais quand je vois Pierrot s'appliquer à sa page d'écriture ou à sa leçon, je dis : Pierrot est *sage.*

Quand il joue avec sa petite sœur sans la taquiner, je dis : Pierrot est *aimable.*

Quand je vois Pierrot ouvrir sa petite bourse pour donner quelque chose à un pauvre, je dis : Pierrot est *généreux.*

*Sage, aimable, généreux,* sont des *adjectifs qualificatifs* qui disent les *bonnes qualités* de Pierrot.

Tâchez, mes chers petits, qu'on n'en emploie jamais d'autres quand on parle de vous.

PIERROT GOURMAND. — PIERROT DÉSOBÉISSANT.

## Des Adjectifs Possessifs.

Depuis la dernière fois, Pierrot a eu bien le temps d'apprendre sa leçon de grammaire. On peut lui en donner une autre.

Quand Pierrot dit : *Mon* chocolat, *mon* bon chocolat, cela veut dire le chocolat qui est *à moi.* Le mot *mon* exprime donc *la possession.* C'est un *adjectif possessif.*

Quand Pierrot a mis son chapeau pour sortir, et que Pierrette, qui craint qu'il ne soit mouillé, lui apporte son parapluie, en lui disant : Voilà *ton* parapluie, le parapluie qui est *à toi,* le mot *ton* exprime aussi la *possession.* C'est donc aussi un *adjectif possessif.*

Quand Pierrot lance son cerf-volant dans la campagne, ses deux frères qui le regardent avec admiration, disent : Pierrot a lancé *son* cerf-volant; le cerf-volant qui est *le sien.*

Le mot *son,* comme *mon* et comme *ton,* exprime encore la possession.

Maintenant quand, le matin, la bonne apporte à Pierrot et à Pierrette une tasse de chocolat, elle dit : Voilà *votre* chocolat, voilà *vos* cuillers; le chocolat qui est *à vous*; les cuillers qui sont *à vous,* encore deux *adjectifs possessifs.*

Quand Pierrot et Pierrette réunissent leurs joujoux pour jouer, ils disent : Ce sont *nos* joujoux; c'est *notre* boîte de dominos. Les joujoux qui sont *à nous*; la boîte de dominos qui est *à nous*. Encore deux *adjectifs possessifs, notre* et *nos*.

Mais quand ils parleront du cerf-volant, des joujoux et des dominos des autres, ils diront : C'est *leur* cerf-volant; ce sont *leurs* joujoux; ce sont *ses* dominos; *leur, leurs* et *ses* disent que le cerf-volant, les joujoux, les dominos ne leur appartiennent pas; qu'ils ne sont pas leur possession, mais la possession d'un autre. Ce sont aussi des *adjectifs possessifs*.

Qui donc disait que la grammaire était difficile à apprendre? Ce n'est pas Pierrot : *mon, ton, son, nos, vos, leur*; il a très bien compris et il connaît maintenant beaucoup d'*adjectifs possessifs*.

Mais il sait qu'il n'y a que les égoïstes qui disent toujours *mes gâteaux, mes joujoux*.

Et quand il est avec ses camarades, il dit *nos gâteaux, nos joujoux*, et il les partage avec eux.

MON CHOCOLAT. — TON PARAPLUIE. — NOTRE CERF-VOLANT.

## Du Verbe.

*Je suis* content, dit Pierrot en sortant de son chou. — *Tu es* gentil, ami Pierrot, direz-vous en le regardant. — *Il est* tout à fait mignon, fait la lune en clignotant d'un œil.

*Je suis, tu es, il est*, tout cela c'est le verbe *être*. — *Être* content, *être* gentil, *être* mignon.

Papa Pierrot vient d'ouvrir son secrétaire. Il dit : « *J'ai* de l'argent. — Oui, *tu as* beaucoup d'argent, papa Pierrot. — Oh! comme *il a* de l'argent! »

*J'ai, tu as, il a*, c'est le verbe *avoir*, *avoir* de l'argent.

Quand vous dites : « *Je suis* sage, *tu es* complaisant, Lili *est* gourmande, *nous sommes* heureux, *vous êtes* méchants, papa et maman *sont* bons », vous *conjuguez* le verbe *être* : *Je suis, tu es, il est, nous sommes, vous êtes, ils sont.*

Quand vous dites : « *J'ai* des cerises, *tu as* de l'argent, *elle a* du gâteau, *nous avons* des billes, *vous avez* des livres, papa et maman *ont* une maison », vous *conjuguez* le verbe *avoir* : *J'ai, tu as, il a, nous avons, vous avez, ils ont.*

Tous les jours, en parlant, sans vous en apercevoir, vous conjuguez ces verbes et vous en conjuguez bien d'autres :

Je chante, tu chantes, il chante.

Je chanterai, tu chanteras, il chantera; c'est le verbe *chanter*.

Je cours, tu cours, il court, nous courons, etc.; c'est le verbe *courir*.

Voyez comme vous êtes savants sans le savoir!

C'est comme Pierrot.

JE SUIS : Verbe *Être*. — J'AI : Verbe *Avoir*.

## De l'Interjection.

*Interjection!* Voilà un mot long et difficile à lire. *In-ter-jection!!!*

Pierrot a bien de la peine à comprendre ce qu'il signifie.

Et pourtant il en fait bien souvent des *interjections.*

— Ah vraiment! Pierrot sait faire des interjections?

— Mais oui.

Quand Pierrot mitron tombe, et avec lui la brioche qu'il portait à une pratique, et qu'il s'écrie : *Oh! là! là!...*

Quand il court à toutes jambes après un camarade en appelant : *Holà!...*

Quand il confie un secret à Pierrette, et qu'il lui dit : *Chut!...*

Quand Pierrot maître d'école gronde un de ses écoliers et qu'il lui dit : *Fi!* monsieur! que cela est vilain!...

*Oh! là! là! Holà! Chut! Fi!* sont des interjections.

— Et vous, ne faites-vous jamais des interjections?

— Mais si vraiment.

Si vous vous faites du mal, et que vous criez : *Aïe! aïe!*

Si votre maman vous apporte une médecine et que vous la repoussiez en disant : *Pouah!...*

Tout comme Pierrot vous ferez des interjections.

Car *Aïe! aïe! Pouah!* sont des interjections.

Voyez-vous comme vous savez faire des choses difficiles sans vous en douter !

C'est encore comme Pierrot.

OH ! LA ! LA ! — HOLA ! — CHUT ! — EH ! — AÏE ! AÏE ! — POUAH !

## Les trois Accents.

Pierrot, enfant de chœur, chante la messe : une mèche de ses cheveux s'échappe de dessous sa petite calotte et vient dessiner sur sa figure un gros trait qui *s'en va à gauche.* Ces traits-là vous en voyez de tout semblables souvent sur la lettre e (é) : c'est un *accent aigu.* Quand un *é* est coiffé d'un accent aigu, on l'appelle *é fermé* parce qu'on n'ouvre presque pas la bouche pour le prononcer.

Voyez : *Bébé — pâté — poupée.*

Pierrot Jocrisse a dessiné sur son front un autre gros trait noir *qui s'en va à droite.*

Un trait semblable, vous en voyez quelquefois aussi sur la lettre e (è)

On l'appelle *accent grave* et l'è sur lequel il est placé s'appelle *é ouvert* parce qu'on ouvre beaucoup la bouche pour le prononcer.

Voyez : *père — mère — colère.*

Pierrot juge s'est endormi à l'audience.

Sa bonne grosse face ressemble à celle de la lune et il s'y dessine des *accents aigus* et des *accents graves.*

Ces accents sont réunis de manière à former des petits chapeaux pointus que vous voyez souvent placés sur la lettre â, sur la lettre ê, sur la lettre î, sur la lettre ô, sur la lettre û.

Ce petit chapeau, c'est un *accent circonflexe.*

Quand vous prononcez une lettre coiffée du petit chapeau, vous ouvrez bien la bouche et vous appuyez beaucoup.

Écoutez : *Gâteau — bête — dîner — rôt — mûre.*

Vous savez maintenant qu'il y a *trois accents* : l'*accent aigu*, l'*accent grave* et l'*accent circonflexe.*

Pierrot le saura comme vous.

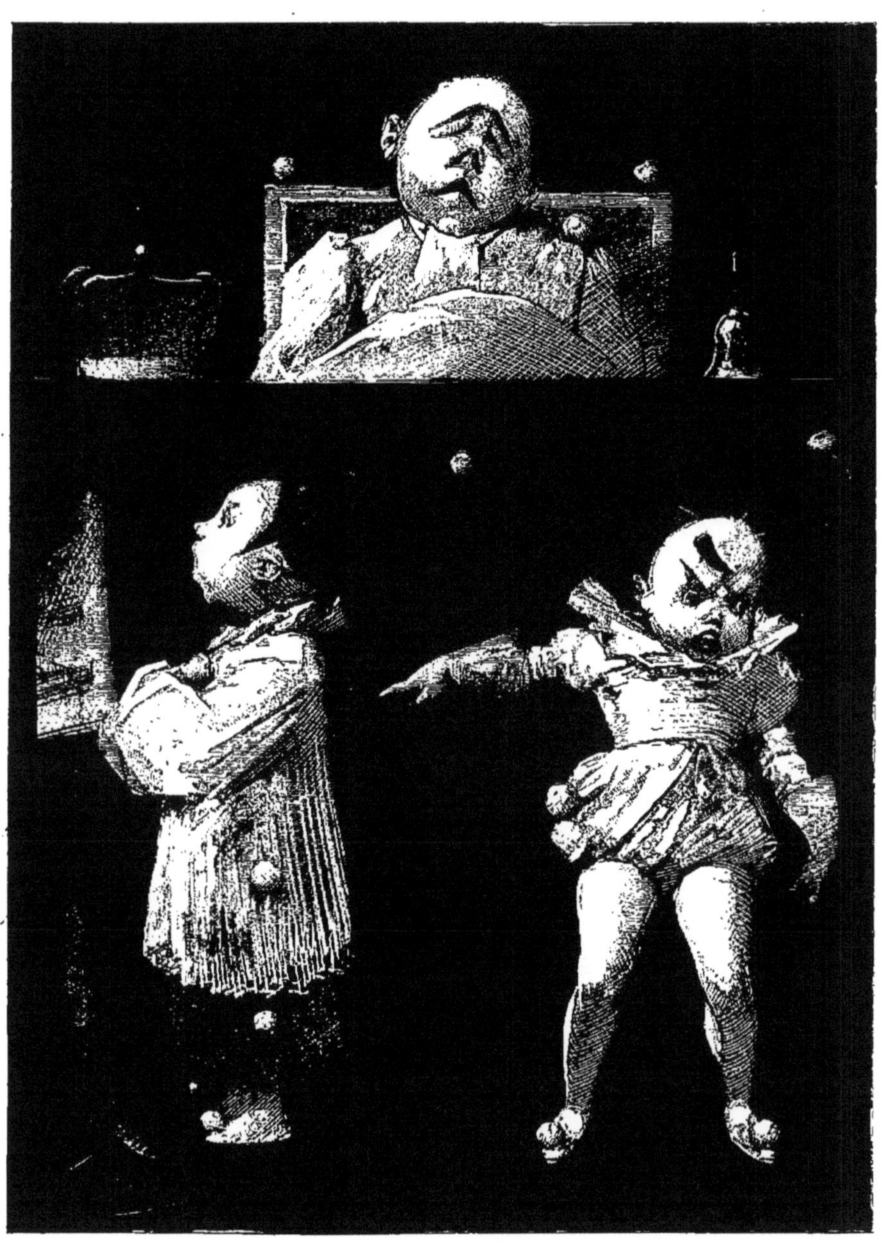

L'ACCENT CIRCONFLEXE. — L'ACCENT AIGU. — L'ACCENT GRAVE.

## Les Expressions à deux sens.

Qu'est-ce que c'est qu'un *grand homme*? Est-ce le tambour-major que vous voyez là, avec sa belle canne à pomme d'or, son grand sabre, ses énormes moustaches, son haut bonnet à poils et son long bras, qu'il étend d'un air de commandement?

Non... Ce tambour-major est un *homme grand*; ce ne sera jamais un *grand homme*.

Un *grand homme*, c'est un homme qui a fait de grandes et belles actions, qui a rendu des services à son pays, qui a été un grand général d'armée, un grand roi, un grand empereur.

Charlemagne, Napoléon, Christophe Colomb, sont des *grands hommes*.

Vous apprendrez un jour leur histoire.

On élève des statues aux *grands hommes*, on n'en élève pas aux *hommes grands*.

Vous verrez des statues représentant Napoléon, Christophe Colomb, Charlemagne.

Vous n'en verrez jamais représentant un tambour-major.

Et voilà comme en changeant un mot de place on change le sens de ce qu'on veut dire.

Écoutez encore :

Un *homme brave* et un *brave homme*, est-ce la même chose?

Non : un homme brave, c'est celui qui ne craint pas le danger; qui est courageux à la guerre.

Un brave homme, c'est un homme qui n'est pas méchant.

Vous voyez que ce n'est pas du tout la même chose.

UN GRAND HOMME. — UN HOMME GRAND.

## Les Expressions à deux sens

(*Suite.*)

Quel mauvais air on respire ici! s'écrie Pierrot en se bouchant le nez et en s'enfuyant à toutes jambes.

En effet cela ne sent pas bon et vous en diriez autant à sa place.

Quel air mauvais a cet autre Pierrot, avec ses habits en guenilles, ses souliers en savates, son bâton à la main et cette expression méchante sur la figure!

C'est bien drôle : la première fois j'ai dit :

*Quel mauvais air!*

Et la seconde fois :

*Quel air mauvais!*

Ce sont les mêmes mots et cependant ce n'est pas du tout la même chose.

Vous rappelez-vous ce que je vous ai dit l'autre jour de la différence qu'il y avait entre un *grand homme* et un *homme grand* — un *brave homme* et un *homme brave*.

Oui, je suis sûre que vous vous en souvenez. Eh bien, il y a la même différence entre un *mauvais air* et un *air mauvais*.

Un mauvair air, c'est celui qu'on respire en certains endroits.
Un air mauvais, c'est celui que les méchants ont sur la figure.

Voyez maintenant ce gros Pierrot dont le gros ventre ressemble à un énorme potiron.

Est-il bon?

Je ne crois pas. Ce Pierrot-là ne doit penser qu'à bien manger.

Et pourtant on dira : c'est un *bon homme.*

Mais on dira : c'est un *homme bon* de ce Pierrot qui va secourir cet autre.

Un *bonhomme,* c'est celui qui est bon pour lui.

Un *homme bon,* c'est celui qui est bon pour les autres.

Lequel des deux voulez-vous être?

UN AIR MAUVAIS. — UN MAUVAIS AIR. — UN BON HOMME. — UN HOMME BON.

## De la Ponctuation.

### LE POINT. — LA VIRGULE. — LE POINT-VIRGULE. LES DEUX-POINTS.

Lisez les lignes que voilà :

Pierrot a été sage ce matin maman est venue la semaine prochaine les cerises seront mûres hier c'était dimanche.....

Est-ce que vous comprenez?

Pas très bien, n'est-ce pas?

Vous lisez peut-être : — Pierrot a été sage ce matin — Maman est venue la semaine prochaine — les cerises seront mûres hier.

Toutes ces phrases-là n'ont pas le sens commun.

C'est qu'on a oublié de mettre entre elles un *point*. Mettons-en un.

Lisez maintenant : Pierrot a été sage. Ce matin maman est venue. La semaine prochaine les cerises seront mûres. Hier c'était dimanche.

Comprenez-vous maintenant?

Oui, et très bien même.

Voyez comme ce point, ce tout petit point, a éclairci les choses.

Quelquefois, au lieu d'un point, on met entre les mots une petite balafre semblable à celle que Pierrot s'est faite à la joue en essayant de se faire la barbe. On appelle cette balafre une virgule (,)

Quelquefois on met ensemble un point et une virgule comme vous les voyez réunis sur la figure de l'autre Pierrot (;) c'est le *point-virgule.*

Quelquefois encore deux points l'un au-dessus de l'autre (:) c'est le *deux-points.*

Mais il ne faut jamais s'aviser de mettre son « poing » dans la figure de son camarade.

LA VIRGULE. — LE POINT ET VIRGULE. — LES DEUX POINTS. — LE POINT.

## De la Ponctuation

(*Suite.*)

LE POINT D'EXCLAMATION. — LE POINT D'INTERROGATION.

Que feriez-vous si vous voyiez Médor emporter le dîner?

Vous feriez comme Pierrot; vous pousseriez un grand cri : Oh!

Ce *Oh!* c'est une *exclamation.*

Et que voyez-vous après ce *Oh*!

Une sorte de bâton renflé du haut avec un point au-dessous.

C'est un *point d'exclamation* (!)

On met un point semblable après toutes les exclamations. Voyez *Ah*! — *Aïe*! — *Hélas*! — *Bah*! — etc., etc.

Pierrot est en train de croquer des pommes; il en a plein la bouche, plein ses poches.

Le garde champêtre arrive.

— Où avez-vous pris ces pommes? demande-t-il.

Pierrot ne sait que dire, car il les a volées dans le jardin du voisin; c'est très mal cela.

Le garde champêtre répète sa question.

— Où avez-vous pris ces pommes?

Et comme Pierrot ne répond pas davantage, il l'emmène en prison.

Mais avez-vous vu ce drôle de petit crochet qui termine la phrase : — *Où avez-vous pris ces pommes?*

C'est un *point d'interrogation.*

On en met toujours un semblable après les phrases qui servent à interroger, à questionner?

M'aimez-vous? — Êtes-vous sage? — Avez-vous déjeuné?

Nous avons déjà : le *point* (.), la *virgule* (,), le *point-virgule* (;), les *deux-points* (:) dont je vous ai parlé l'autre jour.

Voici maintenant le *point d'exclamation* (!) et le *point d'interrogation* (?).

Cela fait en tout *six* signes de ponctuation.

LE POINT D'EXCLAMATION (!) — LE POINT D'INTERROGATION (?)

## Les Signes Orthographiques.

Pauvre Pierrot! il n'est pas encore au bout de ses peines. Voilà maintenant qu'il lui faut apprendre ce que c'est qu'une *apostrophe* et ce que c'est qu'un *trait d'union.*

Une *apostrophe,* il sait bien ce que c'est. Il a vu deux méchants Pierrots, des Pierrots qui ne lui ressemblent pas, *s'apostropher* en se disant des injures, en s'appelant..... Non; je ne vous répéterai pas les noms qu'ils se donnaient : c'est trop vilain.

Le *trait d'union,* il le connaît aussi.

N'est-ce pas lui, le petit Pierrot, qui sert de *trait d'union* entre le bon gros papa Pierrot et la gentille maman Pierrot?

Dans la grammaire, le *trait d'union,* c'est ce petit signe (-) que vous voyez dans certains mots, comme *saute-mouton, Colin-maillard,* à *cloche-pied, gâte-sauce.*

Dans la grammaire encore, une apostrophe c'est ce petit signe (') que vous voyez dans certains autres mots et il remplace une lettre. Ainsi au lieu de dire : le *âne,* le *oiseau,* la *image,* ce qui ne serait pas joli du tout, on dit *l'âne, l'image, l'oiseau*, en mettant une apostrophe à la place de la lettre *e* ou à la place de la lettre *a*.

Voyez comme ce signe est utile tout petit qu'il est.

Je ne peux plus donner de leçons de grammaire à Pierrot; maintenant il va à l'école comme un grand garçon de sept ans, et il apprend la grammaire dans un gros livre sans images.

J'espère qu'il va bien s'appliquer, vous aussi, et que l'année prochaine il aura, vous aussi, le premier prix de grammaire de sa classe.

L'APOSTROPHE. — LE TRAIT-D'UNION.

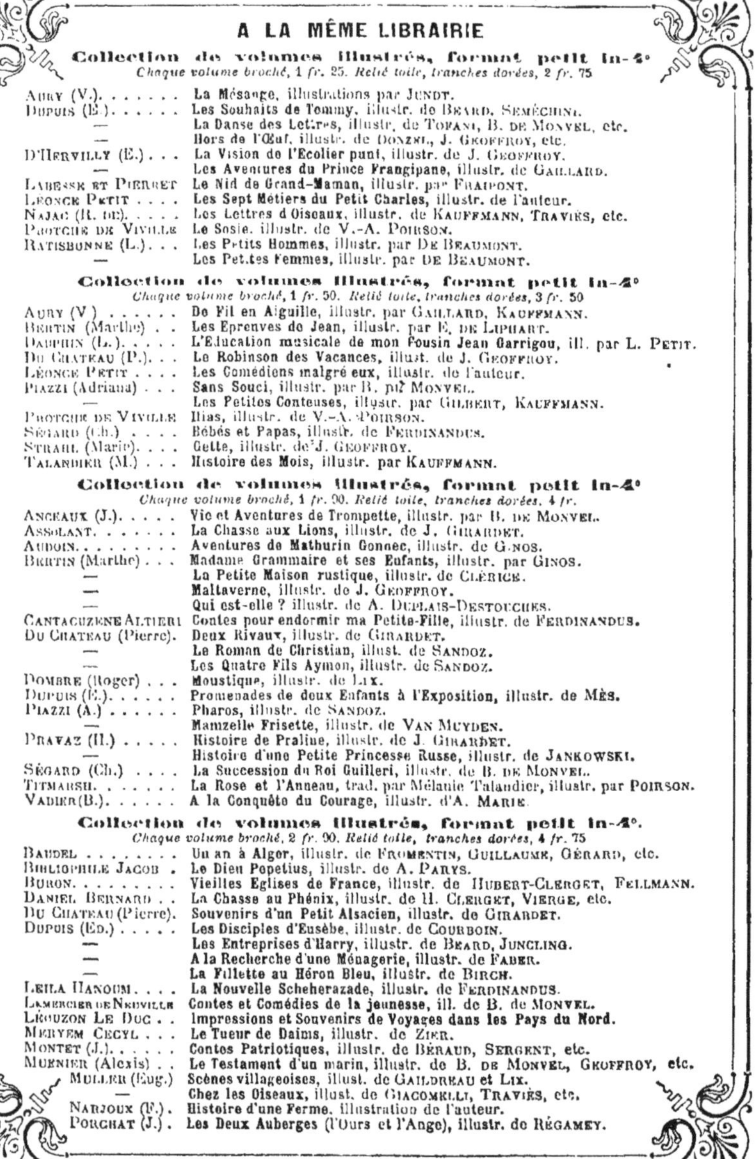

## A LA MÊME LIBRAIRIE

### Collection de volumes illustrés, format petit in-4°

*Chaque volume broché, 1 fr. 25. Relié toile, tranches dorées, 2 fr. 75*

AURY (V.). . . . . . . La Mésange, illustrations par JUNDT.
DUPUIS (E.). . . . . . Les Souhaits de Tommy, illustr. de BEARD, SEMÉCHINI.
— La Danse des Lettres, illustr. de TOFANI, B. DE MONVEL, etc.
— Hors de l'Œuf, illustr. de DONZEL, J. GEOFFROY, etc.
D'HERVILLY (E.) . . . La Vision de l'Écolier puni, illustr. de J. GEOFFROY.
— Les Aventures du Prince Frangipane, illustr. de GAILLARD.
LABESSE ET PIERRET Le Nid de Grand-Maman, illustr. par FRAIPONT.
LÉONCE PETIT . . . . Les Sept Métiers du Petit Charles, illustr. de l'auteur.
NAJAC (R. DE). . . . . Les Lettres d'Oiseaux, illustr. de KAUFFMANN, TRAVIÈS, etc.
PROTCHE DE VIVILLE Le Sosie, illustr. de V.-A. POIRSON.
RATISBONNE (L.). . . Les Petits Hommes, illustr. par DE BEAUMONT.
— Les Petites Femmes, illustr. par DE BEAUMONT.

### Collection de volumes illustrés, format petit in-4°

*Chaque volume broché, 1 fr. 50. Relié toile, tranches dorées, 3 fr. 50*

AURY (V.) . . . . . . De Fil en Aiguille, illustr. par GAILLARD, KAUFFMANN.
BERTIN (Marthe) . . Les Épreuves de Jean, illustr. par E. DE LIPHART.
DAUPHIN (L.). . . . . L'Éducation musicale de mon Cousin Jean Garrigou, ill. par L. PETIT.
DU CHATEAU (P.). . . Le Robinson des Vacances, illustr. de J. GEOFFROY.
LÉONCE PETIT . . . . Les Comédiens malgré eux, illustr. de l'auteur.
PIAZZI (Adriana) . . . Sans Souci, illustr. par B. DE MONVEL.
— Les Petites Conteuses, illustr. par GILBERT, KAUFFMANN.
PROTCHE DE VIVILLE Ilias, illustr. de V.-A. POIRSON.
SÉGARD (Ch.) . . . . Bébés et Papas, illustr. de FERDINANDUS.
STRAHL (Marie). . . . Gette, illustr. de J. GEOFFROY.
TALANDIER (M.) . . . Histoire des Mois, illustr. par KAUFFMANN.

### Collection de volumes illustrés, format petit in-4°

*Chaque volume broché, 1 fr. 90. Relié toile, tranches dorées, 4 fr.*

ANCEAUX (J.). . . . . Vie et Aventures de Trompette, illustr. par B. DE MONVEL.
ASSOLANT. . . . . . . La Chasse aux Lions, illustr. de J. GIRARDET.
AUDOIN. . . . . . . . . Aventures de Mathurin Gonnec, illustr. de GINOS.
BERTIN (Marthe) . . . Madame Grammaire et ses Enfants, illustr. par GINOS.
— La Petite Maison rustique, illustr. de CLÉRICE.
— Maltaverne, illustr. de J. GEOFFROY.
— Qui est-elle ? illustr. de A. DUPLAIS-DESTOUCHES.
CANTACUZENE ALTIERI Contes pour endormir ma Petite-Fille, illustr. de FERDINANDUS.
DU CHATEAU (Pierre). Deux Rivaux, illustr. de GIRARDET.
— Le Roman de Christian, illust. de SANDOZ.
— Les Quatre Fils Aymon, illustr. de SANDOZ.
DOMBRE (Roger) . . . Moustique, illustr. de LIX.
DUPUIS (E.). . . . . . Promenades de deux Enfants à l'Exposition, illustr. de MÈS.
PIAZZI (A.) . . . . . . Pharos, illustr. de SANDOZ.
— Mamzelle Frisette, illustr. de VAN MUYDEN.
PRAVAZ (H.) . . . . . Histoire de Praline, illustr. de J. GIRARDET.
— Histoire d'une Petite Princesse Russe, illustr. de JANKOWSKI.
SÉGARD (Ch.) . . . . La Succession du Roi Guilleri, illustr. de B. DE MONVEL.
TITMARSH. . . . . . . La Rose et l'Anneau, trad. par Mélanie Talandier, illustr. par POIRSON.
VADIER (B.). . . . . . A la Conquête du Courage, illustr. d'A. MARIE.

### Collection de volumes illustrés, format petit in-4°.

*Chaque volume broché, 2 fr. 90. Relié toile, tranches dorées, 4 fr. 75*

BAUDEL . . . . . . . . Un an à Alger, illustr. de FROMENTIN, GUILLAUME, GÉRARD, etc.
BIBLIOPHILE JACOB . Le Dieu Pepetius, illustr. de A. PARYS.
BURON. . . . . . . . . Vieilles Églises de France, illustr. de HUBERT-CLERGET, FELLMANN.
DANIEL BERNARD . . La Chasse au Phénix, illustr. de H. CLERGET, VIERGE, etc.
DU CHATEAU (Pierre). Souvenirs d'un Petit Alsacien, illustr. de GIRARDET.
DUPUIS (ED.) . . . . . Les Disciples d'Eusèbe, illustr. de COURBOIN.
— Les Entreprises d'Harry, illustr. de BEARD, JUNGLING.
— A la Recherche d'une Ménagerie, illustr. de FABER.
— La Fillette au Héron Bleu, illustr. de BIRCH.
LEILA HANOUM. . . . La Nouvelle Scheherazade, illustr. de FERDINANDUS.
LAMERCIER DE NEUVILLE Contes et Comédies de la jeunesse, ill. de B. DE MONVEL.
LÉOUZON LE DUC . . Impressions et Souvenirs de Voyages dans les Pays du Nord.
MERYEM CECYL . . . Le Tueur de Daims, illustr. de ZIER.
MONTET (J.). . . . . . Contes Patriotiques, illustr. de BÉRAUD, SERGENT, etc.
MUENIER (Alexis) . . Le Testament d'un marin, illustr. de B. DE MONVEL, GEOFFROY, etc.
MULLER (Eug.) Scènes villageoises, illust. de GAILDREAU et LIX.
— Chez les Oiseaux, illust. de GIACOMELLI, TRAVIÈS, etc.
NARJOUX (F.). Histoire d'une Ferme, illustration de l'auteur.
PORCHAT (J.). Les Deux Auberges (l'Ours et l'Ange), illustr. de RÉGAMEY.

IMP. NOIZETTE, 8, RUE CAMPAGNE-PREMIÈRE, PARIS.

www.ingramcontent.com/pod-product-compliance
Ingram Content Group UK Ltd.
Pitfield, Milton Keynes, MK11 3LW, UK
UKHW020428230726
13925UKWH00004B/1651

9 782013 555616